ANECDOTES

HISTORIQUES

PARIS, IMPRIMERIE DE POUSSIELGUE,
rue de Sèvres, n. 2.

Anecdotes historiques

CONCERNANT

HENRI, DUC DE BORDEAUX,

RAPPORTÉES

PAR L'ABBÉ DE B.,

DOCTEUR EN THÉOLOGIE, ANCIEN DIRECTEUR DES ÉTABLISSEMENS DE SAINT-JOSEPH, SAINT-HENRI, SAINT-NICOLAS, PLACÉS SOUS LA PROTECTION SPÉCIALE DU JEUNE PRINCE.

Au profit des ouvriers sans travail.

PARIS,

DENTU, Palais-Royal, gal. d'Orléans, n. 13.
BRICON, rue du Vieux-Colombier, n. 19.
BOBLET, quai des Augustins, n. 29.
Et les Marchands de nouveautés.

1832.

ANECDOTES HISTORIQUES.

CHAPITRE PREMIER.

> Chaque fois qu'un Français invoque l'espérance,
> Doux espoir de la France,
> Il prononce ton nom...
> LAMARTINE, *Ode au duc de Bordeaux.*

L'état déplorable dans lequel se trouve le commerce depuis la révolution de juillet, ayant occasionné la ruine d'un grand nombre de chefs d'ateliers, il existe aujourd'hui une foule d'ouvriers sans travail, réduits à la plus affreuse indigence; plusieurs d'entre eux sont venus me demander de faire imprimer différentes anecdotes concernant leur auguste et jeune protecteur; ils croient que le produit de la vente de ce recueil leur procurera quelques jours moins malheureux que ceux qu'ils traînent dans toutes les horreurs de la misère; n'ayant plus moi-même aucun autre moyen de venir à leur secours, connaissant la douloureuse position dans laquelle ils gémissent, je n'ai pu résister à leur prière. Ce motif a pu seul me décider à écrire une partie de ce dont j'ai eu le bonheur d'être témoin pendant huit ans qu'ont duré mes relations avec le fils de celui qui mourut en pardonnant, et qui, en montant au ciel, laissa à la France désolée tout un avenir de bonheur, en lui annonçant qu'un ange de paix naîtrait comme gage de réconciliation et d'amour; du sein de la mort avait jailli un rayon de vie qui sécha bien des larmes....... Cette naissance, annoncée sur un tombeau, vint enfin combler les vœux de la France, qui alors élevait ses mains vers le Seigneur pour le remercier d'avoir exaucé sa prière..... L'armée présenta sur les fonts de l'eau génératrice ce nouveau

Moïse qu'elle voulait bercer dans ses drapeaux, et qui devait apprendre la victoire en grandissant au milieu d'elle, vaillante marraine, qui lui donna ses premières leçons aux champs de la riche Ibérie, où elle fit fleurir l'olivier;..... à Navarin, dont le tonnerre brisa les échos et vit fuir le croissant vaincu;..... aux rives africaines, qui s'ébranlèrent sous la chute d'Alger,..... rapide conquête, dont la gloire étonna le monde et devint la couronne de l'exil!

J'avais souvent l'honneur d'approcher du jeune Henri, je voyais ses admirables dispositions, je reconnaissais dans ce jeune cœur tout français la promesse d'être un second Béarnais; mais alors il était heureux, et jamais la pensée ne me fût venue d'instruire le public de ce que j'admirais en silence; aujourd'hui que le fils des rois grandit sur la terre étrangère, je ne puis être accusé de flatterie, et si je me résigne à sortir de mon obscurité, j'y suis encouragé par l'œuvre de charité qui m'y force en quelque sorte, et qui, j'espère, me fera trouver de l'indulgence de la part des lecteurs qui voudront bien contribuer au soulagement des pauvres ouvriers, qui m'ont confié une chance de salut pour eux dans ce moment terrible où l'invasion d'un fléau redoutable vient combler la mesure de nos maux et jeter la détresse parmi les classes ouvrières. J'avoue qu'il m'est bien doux de retracer les vertus du jeune prince qui daignait m'accorder une amitié dont le souvenir est ineffaçable; je crois remplir un devoir de reconaissance en faisant connaître les qualités précieuses de celui qui fut à juste titre surnommé l'Enfant du miracle. Je ne rapporterai point une quantité de circonstances qui me sont personnelles; je ne dirai cependant rien qui ne soit de la plus exacte vérité; je conterai simplement ce que j'ai vu et entendu, sans me permettre d'ajouter ni de retrancher un seul mot, voulant faire connaître Henri tel que le ciel nous l'a donné; je croirais, en agissant autrement, abuser de la confiance que j'ose demander à mes lecteurs, et mentir à ma propre conscience en cherchant à augmenter les qualités du royal orphelin, qualités dont la nature l'a pourvu assez généreusement, pour qu'il ne soit nullement nécessaire d'y ajouter, lors même que le mensonge croirait trouver son excuse à l'ombre d'un zèle exagéré.

CHAPITRE II.

> Mon fils, donnez beaucoup, si vous avez beaucoup, donnez peu si vous avez peu; mais au moins que ce soit de bon cœur. TOBIE.

Le roi voulant de bonne heure former le cœur du jeune Henri, le rendre sensible à toutes les infortunes, et donner à une vertu héréditaire toute l'extension possible, Sa Majesté daigna, dès que son auguste petit-fils eut atteint l'âge de trois ans, l'associer à des œuvres de charité; et l'on peut dire qu'à peine entré dans la vie le duc de Bordeaux compte déjà des années de bienfaisance. L'œuvre de Saint-Joseph fut une des premières à laquelle le nom de Henri prêta sa douce influence: cet établissement était formé dans le but de procurer de l'ouvrage aux ouvriers, de les perfectionner dans leurs métiers, et les placer chez des maîtres où ils recevaient l'exemple de toutes les vertus. La maison de Saint-Joseph accueillait les ouvriers envoyés par les provinces, et qui, munis de bons certificats, venaient à Paris réclamer les droits de l'hospitalité, accordée jusqu'au moment où ils entraient dans les ateliers choisis avec une sollicitude toute paternelle.

Grâce à la puissante, à l'auguste protection de monseigneur le duc de Bordeaux, l'établissement offrait aux ouvriers la facilité de suivre des cours gratuits de grammaire et d'arithmétique, de chimie, de dessin linéaire, de sculpture et de dessin d'ornement; chaque soir, au retour du travail, les ouvriers pouvaient se livrer à ces différentes études dans des salles échauffées et bien éclairées. L'exercice du gymnase avait aussi ses élèves; la musique était enseignée de même à ceux qui se sentaient des dispositions naturelles pour cet art, dont ils offraient l'hommage au Seigneur; l'office était chanté chaque dimanche dans la chapelle de Saint-Joseph. Au sortir de la messe, les ouvriers trouvaient mille jeux divers, disposés dans des salles immenses, où ils pouvaient se livrer à d'honnêtes récréations, où le danger était inconnu. L'été, ils avaient les mêmes avantages dans un jardin dont eux seuls avaient l'entrée, et chaque lundi les retrouvait à l'ouvrage, tandis que leurs frères égarés, après avoir profané le jour du Seigneur par un sordide intérêt, cherchaient enfin dans les premiers jours de la semaine une récréation qui devenait la terreur de leurs voisins, la ruine de leurs économies, et souvent la cause de leur infortune. L'excès de leurs désordres les amenait en foule au pied des tribunaux, qui les envoyaient avec justice combler le vide des cachots. Saint-Joseph avait aussi établi un restaurant peu coûteux, où les ouvriers pouvaient se nourrir au prix le plus modique ; nul étranger n'y était admis, afin d'éviter les querelles, et il était rare d'y entendre même un mot grossier. En cas de maladie, les ouvriers s'accordaient mutuellement les soins d'une tendre affection. Plus tard, j'établis une nouvelle association, dite de *Saint-Henri*, dont le but était d'accorder quarante sous par jour à chaque ouvrier malade, moyennant une cotisation mensuelle d'un franc. Lorsque les ouvriers de Saint-Joseph partaient pour ce qu'ils nomment *leur tour de France*, plusieurs villes leur offraient les mêmes ressources dans des succursales de la maison-mère. Que ne m'est-il ici permis d'entrer dans le détail des vertus admirables que pratiquaient dans l'obscurité ces ouvriers si dignes de tout l'intérêt de la société! A l'exemple des premiers chrétiens, ils s'entr'aidaient, se soutenaient, et avaient une vie pure au milieu de toutes les séductions de la capitale. Les mères pouvaient alors donner à leurs fils le dernier baiser d'adieu, sans avoir à frémir sur les dangers qui allaient entourer leur jeunesse; confiée à la religion, elle était soignée comme un trésor appartenant au ciel.

Afin d'encourager la bonne conduite de ces jeunes gens, et pour récompenser leurs progrès, monseigneur le duc de Bordeaux avait institué une solennelle distribution de prix, qui consistaient en outils d'honneur et autres objets d'art. Ah! ils les montreront à leurs enfans, ces prix de bonne conduite que leur avait décernés un jeune prince qoi voulait le bonheur de la France, et ces prix institués par l'innocence deviendront un puissant moyen de régénérer la société; les enfans voudront marcher sur les traces de leurs pères. Je voudrais aussi rendre hommage à nos collaborateurs, les maîtres et chefs d'ateliers, dont les efforts généreux et désintéressés ont si puissamment contribué à la prospérité de l'œuvre; mais nous devons taire des noms qui aujourd'hi deviendraient peut-être suspects pour avoir figuré sur la liste des bienfaiteurs de Saint-Joseph. Je dois ici déclarer que l'idée si belle de cette œuvre vraiment nationale appartient tout entière à mon ami l'abbé Lewembruck, qui sacrifia sa fortune et sa santé à l'exécution de cette entreprise, qu'il se vit contraint d'abandonner lorsqu'elle était à peine commencée.

Monseigneur le duc de Bordeaux, dont les sentimens se développaient avec l'âge, avait voulu que la jeunesse française participât à ses bienfaisans plaisirs ; il avait choisi dans les familles distinguées de chaque département des enfans d'un âge rapproché du sien, qui, en qualité de trésoriers de Saint-Joseph, faisaient des quêtes en faveur des ouvriers. Je dois rendre témoignage au zèle ingénieux et toujours renaissant des jeunes trésoriers qui se sont acquittés d'une manière digne du jeune prince de la charge qu'il avait daigné leur confier. L'approbation de monseigneur le duc de Bordeaux et le témoignage de leur conscience doivent être leur plus douce récompense; c'est à leur zèle, et en courant sur les traces d'Henri que des milliers de jeunes ouvriers doivent la foi et l'espérance qui consolent leur vie.

La collecte des trésoriers se montait chaque année à la somme de 50 à 60 mille francs. Les dépenses annuelles de l'établissement étaient fixées à 30 mille francs, conformément à un budjet dont tout le monde avait connaissance; les fonds étaient placés chez un notaire, qui ne les délivraient que sur un mandat de monseigneur le duc de Bordeaux et lorsque les comptes antérieurs étaient arrêtés.

CHAPITRE III.

Mais il est un enfant du ciel et de la France
Qu'à l'éclat de l'offande on reconnaît soudain;
A la vertu des rois essayant son enfance
De l'ombre du mystère il s'enveloppe en vain :
Sa grandeur le condamne à la reconnaissance,
Le sceptre de la bienfaisance
Brille malgré lui dans sa main.

LAMARTINE.

L'anniversaire du jour où monseigneur le duc de Bordeaux avait été admis au nombre des chrétiens était célébré chaque année avec une pompe digne du souvenir qu'il ramenait ; la bienfaisance était chargée d'en fêter le retour. Le roi voulait que son petit-fils consacrât cette belle journée à la consolation de l'infortune, et qu'entouré de jeunes Français Henri portât dans l'avenir la pensée que ses premières jouissances avaient été partagées par eux et augmentées par leur zèle touchant; c'était une dette de reconnaissance que son jeune cœur n'eût point oubliée, et qu'il eût plus tard acquittée.

L'approche du 1er de mai occupait Henri long-temps d'avance; ses études se ressentaient du plaisir qu'il espérait; il redoublait d'efforts et d'application afin d'arriver à ce jour, entouré de la satisfaction de ceux qui étaient chargés de son instruction; il voulait une joie complète, et désirait apercevoir sur tous les visages l'expression du bonheur que lui-même ressentait, lorsqu'au milieu de ses jeunes trésoriers il recevait l'offrande que chacun d'eux apportait pour les ouvriers de Saint-Joseph, Henri comptait lui-même la somme renfermée dans chaque bourse; et lorsque ses espérances étaient dépassées, il laissait échapper une vive exclamation. Ce cri de joie était vraiment un cri d'amour; les plaisirs de Henri étaient la joie du pauvre; il aimait avec tendresse cette brillante jeunesse qui rivalisait de zèle pour lui procurer le doux plaisir de faire du bien. Dignes émules de Henri, ses trésoriers voulaient tous l'imiter, et ce vœu consola bien des souffrances. Rien n'était plus touchant que cette réunion du 1er mai; ces jeunes enfans parés de toutes les grâces naïves de leur âge, vermeils de santé, revêtus des costumes les plus variés, offraient à l'œil un ravissant tableau. Ici, un jeune habitant du Midi s'élançait gracieux et léger, et venait en riant déposer son offrande..... Un fils de la Bretagne lui succédait; il tressaillait en approchant de Henri, puis regardait sa mère, et ce regard disait: *Ma vie est à lui*..... Venait ensuite un jeune enfant, dont la chancelante démarche prouvait qu'à peine sorti du berceau il apprenait à essuyer les pleurs du pauvre..... Puis arrivait cette foule de jeunes aspirans à la gloire, l'armée en miniature défilait devant Henri, qui alors retenait avec peine des transports qu'en sa qualité de président il n'osait se permettre de laisser éclater..... De quelle émotion n'était-on pas saisi à la vue de cette multitude d'enfans qui s'ouvraient à la vie en remplissant un message céleste! C'était l'innocence conduite par la charité! Semblables à un délicieux parterre, le jeune lis s'élevait pur et radieux au milieu de ces fleurs naissantes; ils grandissaient ensemble, et Henri croyait vieillir avec eux!..... Les anges applaudissaient à cette fête et souriaient aux anges de la terre.

Lorsque le versement des fonds était effectué, le duc de Bordeaux faisait les honneurs d'un goûter de plus de deux cents couverts, où étaient admis les trésoriers et les parens qui les avaient accompagnés. Henri interrogeait alors ses trésoriers, et son amour pour l'armée perçait dans tous ses discours; il revenait sans cesse à cette question: « *Avez-*

« *vous du goût pour le service mili-* « *taire? A quelle arme donnez-vous la* « *préférence?.....* » Et le jeune fils de France formait sans doute des projets de gloire et d'avenir!..... Puis il engageait ses jeunes convives à bien manger, parce que, disait-il, *vous devez être très fatigués ;* il buvait à leur santé, encourageait les plus timides, riait avec les plus espiègles, était charmant pour tous. En les quittant à la dernière réunion qui eut lieu, Monseigneur leur adressa ces mots : « Messieurs, je de« manderai un congé au ministre de « l'instruction publique; je vous remer« cie du zèle que vous avez mis à me « seconder; je vous assure que ces bons « ouvriers seront dignes de tout l'in« térêt que vous leur portez. A revoir, « messieurs; il me tarde de nous trou« ver ensemble au camp! »

Madame, duchesse de Berry, ainsi que Mademoiselle, embellissaient de leur présence ces brillantes réunions. A celle de 1730, Madame était vêtue très simplement et se mêlait à la foule de spectateurs qui remplissaient les salons. S. A. R. causait depuis quelques momens avec plusieurs jeunes gens qui ne se doutaient nullement de l'honneur qui leur était accordé; l'un d'eux demanda à Madame de lui indiquer où se trouvait la mère de Henri, afin de contempler ses traits. S. A. R. répondit de manière à éviter tout embarras à ces jeunes interlocuteurs, et les laissa ravis de sa bonté et de cette noble simplicité qui a tant de charmes dans cette illustre princesse.

Le duc de Bordeaux fut à l'instant même rendre compte de sa journée au roi; il revint transporté d'une joie inexprimable, me criant de loin : *Bon papa m'a donné* 1000 *fr.*, *et ma tante* 200 *fr.*! — Et M. le Dauphin? — *Oh! quand je lui en ai parlé, il a fait un demi-*

tour à droite; il ne donne qu'à l'armée.

Le lendemain des réunions, le duc de Bordeaux envoyait à ses trésoriers un témoignage de sa satisfaction; le dernier qu'ils reçurent fut son portrait. Ah! que ces jeunes trésoriers, en contemplant ces traits si doux, se ressouviennent qu'Henri aimait les pauvres ouvriers, et qu'il n'est plus là pour les secourir!

On avait aussi formé sous le patronage du jeune prince un établissement pour les petits garçons pauvres, où l'on joignait à l'apprentissage d'un métier les études élémentaires, et principalement celle de la religion, sans laquelle un ouvrier ne trouve dans la vie ni règle pour ses devoirs, ni courage dans ses tribulations, ni espérance pour son avenir.

La Société des Beaux-Arts, dont monsieur le duc de Berri était président, avait trouvé un protecteur dans son jeune fils, qu'on voulait rendre parfait imitateur de son auguste et infortuné père.

CHAPITRE IV.

La reconnaissance est la mémoire du cœur.

A l'époque des grands froids de l'hiver de 1829, M. le baron de Damas m'ayant demandé combien d'ouvriers sans travail couchaient à Saint-Joseph, je lui appris que j'avais près de cent lits d'occupés, et que ces pauvres ouvriers souffraient beaucoup du froid, manquant du nombre nécessaire de couvertures; le duc de Bordeaux, présent à cette conversation, parut vivement touché, et s'informa aussitôt du prix des couvertures et du nombre qui en manquait à Saint-Joseph. Puis il se retira sans rien ajouter; mais il revint bientôt tenant un petit calcul écrit, et, s'adressant à son gouverneur : « En « travaillant bien pendant trois mois je « puis gagner (1) ces couvertures sans « nuire à mes autres engagemens, si « vous voulez, monsieur le baron, y « consentir. » Le gouverneur, enchanté des sentimens de son royal élève, voulut partager la bonne œuvre, et offrit d'y entrer pour la moitié. La joie brilla dans les yeux de Henri, qui alors adressa une seconde requête : « Monsieur le ba- « ron, avez-vous confiance dans ma pa- « role? — Oui, monseigneur. — Eh bien ! « dans trois mois les froids seront pas- « sés, si vous voulez m'avancer 300 fr., « vous êtes sûr que je les gagnerai. »

Un jour où le duc de Bordeaux reve-

---

(1) M. le duc de Bordeaux recevait des bons pour les leçons bien prises, et ces bons étaient acquittés par le roi : le jeune prince en destinait le prix au soulagement des pauvres.

nait de chez Madame, duchesse de Berry, il me parut transporté de joie. « Je viens, me dit Henri, de gagner 5 fr. « au jeu à maman; j'ai de plus 2 f. 50 c. « dans ma bourse, et je vais faire une « charmante promenade : il ne me man- « que plus que 50 c. J'espère bien que « quand Louise viendra elle oubliera « quelque chose, (1) et elle me paiera « son amende de 50 c. — Et de ces 8 fr. « qu'en ferez-vous, monseigneur? — « Vous ne savez donc pas qu'on a gagé « la vache de la mère (j'ai oublié le « nom). Oh! quelle sera contente quand « on lui rendra sa chère vache! »

Il y a quatre ans toute la famille royale se promenant dans le parc de Saint-Cloud, à l'époque de la foire,

---

(1) Afin d'habituer les enfans de France à ne rien laisser traîner dans les visites qu'ils se faisaient, il y avait une légère amende pour chaque objet qu'ils oubliaient.

s'arrêta devant un petit garçon de six à sept ans, qui faisait des tours d'escamotage : Henri ne parut trouver aucun plaisir à ce spectacle. Son auguste mère lui en ayant demandé le motif il répondit « que ce petit malheureux serait « perdu en continuant un pareil genre « de vie, et qu'il désirait bien vivement qu'on l'envoyât à M. l'abbé de « B*** pour le faire élever à Saint-Nicolas. » (1) Sa demande lui fut accordée sur-le-champ. C'est ainsi que Henri faisait élever à ses frais une quantité d'enfans de sous-officiers chargés d'une nombreuse famille.

A son voyage à Rosny avec le roi de Naples, le duc de Bordeaux se plaisait à visiter les chaumières, et partout il laissa des souvenirs de sa munificence.

---

(1) Établissement pour les pauvres petits garçons, dont j'ai parlé plus haut.

Il fit trois nouvelles recrues pour ses établissemens de charité, et ne voulut pas même attendre son retour à Paris pour me les adresser. Son premier mot en me revoyant fut pour s'informer de ce que faisait le *petit Maillard.* « J'ai pro« mis, m'ajouta Henri, à monsieur le « curé de Boissy d'en avoir soin. » Ayant demandé au prince comment la chose s'était passée, il me conta qu'étant allé se promener avec le roi de Naples, ils avaient été visiter l'église de Boissy, et ensuite le curé. Ce dernier fit un compliment, après lequel il paraissait désirer vivement embrasser Sa Majesté; mais le roi ne s'en étant pas aperçu, Henri avait voulu l'en dédommager, et s'était *jeté à son cou.* Alors le curé demanda à monsieur le baron de placer un petit garçon, auquel il s'intéressait beaucoup, parce qu'il était fils de son meilleur ami, le maréchal-ferrant du village. M. de Damas objecta qu'il n'y avait plus de fonds ; le curé représenta qu'avec ses quatre-vingt-deux ans il ne pouvait plus s'occuper de l'instruction de son jeune protégé, qui, du reste, était déjà avancé dans la science, écrivant à merveille, mais ne sachant pas lire. Henri appuyait sur tout ce que ce récit pouvait avoir de plaisant, et avait enfin obtenu l'admission du petit maréchal-ferrant à Saint-Nicolas.

L'active bienfaisance du duc de Bordeaux ne se bornait pas à secourir les ouvriers, à faire élever des enfans pauvres, son cœur était compatissant à tous les genres d'infortune ; les malheureux des départemens les plus éloignés de la capitale ressentaient les effets de sa générosité, à laquelle on ne s'adressa jamais en vain. Une jeune veuve se mourait de la poitrine ; elle avait un fils encore enfant, et gémissait d'être au moment de l'abandonner seul et sans appui sur la terre. Le jour même de sa mort elle conçut la pensée de le recommander à monseigneur. Cette décision calma son désespoir, adoucit l'amertume de ses dernières heures ; elle m'adressa une pétition, où elle suppliait le jeune prince *de fournir aux frais du deuil de son enfant, afin qu'il n'oubliât pas sa mère.* Henri fut très ému à la lecture de cette prière, et me fit remettre à l'instant même 100 fr. pour l'achat du deuil de cet enfant, dont il se déclara le protecteur. Hélas! aujourd'hui le petit infortuné est deux fois orphelin !

Lorsqu'en 1826 monseigneur le duc de Bordeaux fut confié aux soins d'un gouverneur, les pensions qu'il accordait s'élevaient à la somme de 25,000 fr. ; elle était plus que doublée à l'époque des événemens de juillet. Les secours que donnait S. A. R. s'élevaient toujours chaque mois de 12 à 18,000 fr. ; sans compter les secours extraordinaires et imprévus, tels que pour les incendies, la grêle, etc., etc. Sur cette somme n'étaient pas comprises celles accordées aux œuvres de charité. Monseigneur ne donnait jamais moins de 100 fr. à la fois, et le nombre était au moins de trente à quarante. Les souscriptions étaient aussi très considérables, et cependant la liste civile du jeune prince ne se montait qu'à six cent mille francs. Tous les genres de bienfaisance étaient pratiqués par S. A. R. Ayant appris qu'un officier privé de fortune ne pouvait se rendre aux eaux pour y rétablir sa santé, Henri lui fit remettre 500 fr. pour qu'il s'y rendît de suite.

Le duc de Bordeaux m'ayant entendu dire que nous donnions un dîné assez copieux à nos ouvriers pour la modeste somme de 35 cent. par tête, le jeune prince voulut s'assurer lui-même de la bonté des mets, et me pria de lui apporter un de ces dînés, me faisant promettre de ne rien y changer. Il le trouva fort bon et en fit goûter à ces messieurs, qui n'en parurent pas aussi enchantés que lui.

Lorsqu'il se sentait moins disposé à étudier il suffisait de lui rappeler qu'il ne recevrait rien pour les pauvres, ce stimulant lui faisait lever tous les obstacles. Lorsque de nouveaux jeux étaient offerts au duc de Bordeaux il témoignait souvent le désir qu'on en donnât de semblables à *ses petits garçons*. (C'est ainsi qu'il désignait les enfans élevés à Saint-Nicolas.) Il me demanda une fois de diriger leur promenade du côté de Bagatelle, parce qu'il serait bien aise de faire une *partie de barres avec eux*. « Mais, monseigneur, s'ils couraient « plus fort que vous ils vous feraient « prisonnier. — C'est tout simple, puis« que c'est le jeu. »

Le duc de Bordeaux me parlait souvent du plaisir qu'il trouvait à l'étude de la chimie et de la physique, et j'exprimai à monseigneur le regret de ne pouvoir établir ces cours à Saint-Joseph, qui seraient d'un avantage immense pour les ouvriers. « Mais qui « vous en empêche donc? Cela les amu« serait et les instruirait en même « temps. — Monseigneur, nous n'avons « pas les fonds nécessaires. — Allons en « parler à monsieur de Damas. » Et le jeune prince plaida si bien la cause qu'il obtint 1,500 fr. pour l'acquisition des instrumens ; plus tard je reçus de la même manière une somme destinée à l'établissement d'un gymnase.

Deux mois avant la Saint-Henri le duc de Bordeaux m'ayant remis différentes choses pour *ses petits garçons* je lui promis que ces enfans tireraient un feu d'artifice en son honneur le jour de sa fête, et qu'il pourrait très bien le voir par ses fenêtres de Saint-

Cloud. J'oubliai ma promesse : aussi fus-je très étonné lorsque la vieille de la Saint-Henri le duc de Bordeaux m'en rappela le souvenir, et me fixa l'heure où devait être tiré ce feu d'artifice. Il avait invité beaucoup de monde pour y assister : je voulus remplir mes engagemens, et les fusées s'élevèrent dans les nues. Henri fut enchanté et trouva tout superbe; il voulait même que tout le monde fût de son avis, ce qui était assez difficile; et l'on ne s'étonnera pas lorsqu'on saura que tous les frais de ce *magnifique* feu d'artifice ne dépassèrent pas la somme de 25 francs. Le prince me demanda d'en témoigner sa reconnaissance aux enfans de Saint-Nicolas en les *régalant* à ses frais. Il fut très mécontent lorsqu'il vit que le total du *régal* de soixante personnes ne se montait qu'à 30 francs. Il me reprocha de leur avoir fait faire un repas de carême.

Le duc de Bordeaux est d'une sobriété très rare à son âge : il ne demande jamais deux fois d'un mets qu'il préfère avant d'être assuré que chaque personne admise à sa table soit servie ou ait refusé.

A l'époque d'un premier jour de l'an le jeune prince était assez incommodé d'un rhume pour ne pouvoir pas recevoir les félicitations d'usage ; mais il demanda qu'on fît exception en faveur de la députation des ouvriers de Saint-Joseph, afin de ne pas les affliger par un refus. Dans ces sortes de visites il m'était toujours défendu d'adresser aucun compliment à Henri.

Lors des émeutes de la rue Saint-Denis il me dit : « Vous ne savez pas, on « a fait crier aux ouvriers *à bas les Bourbons !* Je pense qu'il n'y avait personne « de Saint-Joseph ? — Oh non ! monseigneur ; et je crois qu'on n'aurait pas « pu les empêcher de se venger promp-

« tement de celui qui eût osé tenir un « pareil propos en leur présence..... — « *Cependant c'eût été bien cruel!* »

Henri ne comprend pas la vengeance, son jeune cœur est tout amour pour les Français, qu'il confond dans une égale tendresse!.....

Le duc de Bordeaux avait souscrit à l'association dite *de Saint-Henri*, formée pour le secours des ouvriers malades : il s'était fait inscrire pour une somme de 1,000 fr. par an. Quelque temps après il fut assez fortement enrhumé pour être obligé de suspendre ses études pendant trois jours ; il se souvint de l'association de Saint-Henri dont il prétendait faire partie, et me demanda sérieusement les six francs qui lui revenaient. « Voilà trois jours que je n'ai « pu gagner une bonne note, ce sera « un petit dédommagement, qui me « servira du reste pour une autre bonne « œuvre. »

Le duc de Bordeaux est né avec un goût décidé pour l'état militaire; son bonheur le plus parfait était de se trouver au milieu des soldats; il avait une collection complète de leurs simples habits, qu'il préférait aux riches uniformes des officiers : il était heureux de changer de costume plusieurs fois par jour, et de porter tour à tour les différentes uniformes de l'armée, pour laquelle il a un amour inné, qui est sans doute un présage de gloire.

Ses jeux favoris sont l'exercice militaire et tout ce qui a rapport au noble métier des armes. Il avait un grand cheval de bois, toujours *prêt à partir*; le jeune prince se chargeait seul de sa toilette de guerre, et s'en acquittait à merveille : cependant un jour il hésitait un peu dans la manière de poser le porte-manteau, je lui offris de venir à son aide; il fut vivement piqué de ce qu'un abbé se mêlât d'une chose que lui, militaire, devait assurément mieux savoir; il dissimula pourtant son indignation, mais s'écria : « Je le veux « bien, monsieur l'abbé, à condition « que vous me permettrez ensuite de « vous montrer à dire la messe. »

Une autre fois, pendant un hiver très rigoureux, je me trouvais dès sept heures du matin auprès du duc de Rivière, et je vis le prince qui se sauvait en chemise, courant dans ses appartemens avec une agilité extraordinaire; il ne voulait pas se laisser laver à l'eau froide et fuyait la malencontreuse cuvette. On ne put parvenir à arrêter sa course, digne rivale de celle d'Atalante, qu'en lui criant : « Est-ce qu'un soldat « doit avoir peur de l'eau froide? » Cette phrase produisit un effet magique : le jeune enfant s'arrête, rougit, son cœur bat; il revient en courant vers ce qu'il fuyait d'abord, et se laisse laver, en affectant un grand courage : il avait alors sept ans.

Jamais éducation n'a été plus dure que la sienne; souvent il le sentait et s'en plaignait; mais tout murmure était rétracté lorsqu'on le comparait à un soldat : alors tout lui devenait doux, il aspirait à devenir un *bon soldat;* c'était le but de tous ses désirs. Il me recommandait souvent de ne pas élever ses petits garçons comme des *poules mouillées*, afin qu'ils pussent un jour servir avec honneur dans l'armée.

Le duc de Bordeaux étant allé au mois de novembre 1829 visiter le Jardin des Plantes et le cabinet d'histoire naturelle, il alla aussi voir la ménagerie; lorsqu'il aperçut l'éléphant, il témoigna un vif désir de monter sur son dos; en ayant obtenu la permission de M. le baron Damas, le jeune prince s'assit sur l'énorme animal, qu'on fit alors marcher, et tous les spectateurs admirèrent le courage et la bonne grâce de ce royal enfant.

Le jeune Louis de Rivière avait confié un secret au duc de Bordeaux, et l'avait prié instamment de n'en parler à personne. J'arrivai au moment où le jeune prince recevait la confidence avec un air des plus mystérieux; quelques momens après, je m'avisai de dire: « Ah! Louis, je suis bien aise de savoir..... » Il crut qu'Henri m'avait révélé son secret, et lui en fit des reproches. Le duc de Bordeaux dit avec indignation : « Comment! monsieur l'abbé « a osé dire qu'il le savait? il m'en ré« pondra les armes à la main! » Et sans réfléchir davantage, il vint à moi avec deux sabres. « Comment! Monseigneur, « deux sabres contre quelqu'un sans dé« fense? » Cette observation ne fit que l'irriter davantage. « Il y en a un pour « vous; allons, en garde... » Et bientôt je m'aperçus que c'était plus qu'une simple plaisanterie, j'eus mille peines à parer ses coups ; enfin il se fendit sur moi avec une telle impétuosité que, son sabre glissant le long du mien, il s'en frappa contre la garde, et je sentis par le contre-coup qu'il dut se faire très mal; je craignis même qu'il se fût coupé le doigt. La douleur le fit sauter en l'air; il alla se jeter dans les bras de M. de Maupas. Comme ces messieurs travaillent à lui donner une éducation mâle, bien loin de le plaindre, on lui dit : « Monseigneur, si vous faites ainsi, « personne ne voudra plus jouer avec « vous. » S'adressant ensuite à moi, M. de Maupas me demanda de ne pas répéter que monseigneur avait pleuré comme un enfant..... « Je ne l'ai pas vu « pleurer : tout ce que je sais, c'est qu'il « s'est battu comme un brave. » A ce mot Henri vint à moi, les yeux brillans de grosses larmes qu'il s'efforçait de retenir, et cherchant à sourire, il me tendit la main; ses petits doigts étaient tout meurtris. (Le prince avait alors neuf ans.)

A propos du jeune Louis de Rivière, élevé avec le duc de Bordeaux, et qui promet d'être un second Sully, je me souviens qu'un lendemain de réunion des jeunes trésoriers, Henri me dit: « Vous ne savez pas ce qui a failli me « faire étouffer hier? c'est lorsque Louis « est venu m'apporter sa bourse, me « saluant comme s'il ne me connaissait « pas! oh! j'ai cru en mourir! il a fallu « retenir mes rires! »

J'assistais à une leçon de menuiserie donnée au jeune prince; c'était une de ses récréations: un énorme valet de fer lui tomba sur le pied; on concevra la douleur qu'il dut en éprouver, puisqu'il en perdit l'ongle du petit doigt. Cependant, croyant qu'à son âge il ne lui était plus permis de pleurer, il retint ses larmes; mais on vit, à la décomposition de son visage, que son mal était très vif. Son gouverneur, pour lui procurer un peu de soulagement, l'assura qu'en pareille circonstance on pouvait laisser échapper quelques larmes, sans pour cela manquer de courage.

Le maréchal Macdonald ayant invité le duc de Bordeaux à une distribution des prix de la Maison royale de Saint-Denis, il fut de très mauvaise humeur quand il entendit son gouverneur promettre de l'y conduire; il vint me dire tout bas : « Quel ennui d'aller passer « une journée avec les petites filles! ne « vaudrait-il pas mieux me faire visiter « les casernes? »

Un jour d'hiver où le froid était excessif, le roi fit donner contre-ordre pour la promenade de Bagatelle, et la fit diriger vers l'Elysée-Bourbon. Henri fut très fâché qu'on pût supposer qu'il craignait le froid. Aussi alla-t-il directement au jardin, et là, au milieu de la neige, il fit allumer un grand feu, et demanda un soldat pour apprendre à faire la soupe comme au bivouac. Son premier essai lui réussit parfaitement.

On se souvient que pendant la glorieuse expédition d'Alger le roi fut deux jours sans recevoir aucune nouvelle de son armée : l'inquiétude paraissait sur son front vénérable. Henri y lisait tous les tourmens qui agitaient son cœur; le jeune prince pria M. de Damas de lui obtenir une audience secrète de la part de son auguste aïeul, et ne voulut point instruire son gouverneur du motif qui la lui faisait désirer. Introduit auprès du roi, il met un genou en terre, et le supplie de lui accorder la permission de partir pour Alger. « Je suis encore trop jeune pour « combattre, ajouta-t-il; mais ma pré- « sence animera nos braves soldats « d'une nouvelle ardeur. »

Le duc de Bordeaux est d'une remarquable adresse : au tir du pistolet il manque rarement son but. Plusieurs officiers de la garde ont été souvent témoins de la justesse de son coup d'œil, et s'étonnaient de la fermeté de son maintien dans un âge si tendre, que la petitesse de sa taille exigeait alors qu'il fût monté sur une table pour viser au blanc. Il mettait chaque soir deux pistolets auprès de son lit et les déchargeait le matin. Ces deux coups tirés étaient ce qu'il nommait son réveille-matin, et remplaçaient les cloches ou les tambours des colléges. On en avait averti la garde du poste afin quelle n'en prît point l'alarme. L'agilité du jeune prince est connue de tout le monde : il est passé maître aux exercices gymnastiques. Il m'a fait souvent éprouver une terreur involontaire lorsque je le voyais suspendu à vingt pieds de haut, se balançant avec la légèreté d'un oiseau, prenant un certain plaisir à prolonger mon inquiétude ; car Henri possède toute la gaieté et toute l'espièglerie de son âge, sans rien avoir de ce pédantisme qui est assez ordinairement le partage des enfans très instruits. Sa candeur, sa naïve expression, ont un charme inexprimable ; il est impossible d'approcher de lui sans être ému. On l'aime avec un irrésistible entraînement : sa naissance, ses malheurs sont éclipsés par les qualités charmantes qui le distinguent. Henri serait dans toutes les classes un enfant remarquable qui appellerait l'amour de tous. Il met à ses études l'ardeur qu'il apporte à ses jeux ; sa pétulance est excessive et prouve une santé parfaite. Son esprit très vif, la ressemblance frappante de ses traits avec ceux de son auguste mère et la jeune Mademoiselle sont un démenti formel aux odieuses calomnies dont on a voulu souiller sa naissance. Dieu s'est plu à les détruire lui-même en donnant au visage de Henri les traits réunis de sa mère et de sa sœur, et imprimant à son caractère un constant rapport avec celui de son infortuné père. Il a les idées très arrêtées, une volonté fort prononcée; cependant il ne résiste point aux observations justes lorsqu'elles lui sont présentées d'une manière douce et franche; mais lorsqu'on emploie des détours ou des précautions oratoires il se méfie des conseils qu'on veut lui donner. Il a surtout horreur de la flatterie, et la fable du Renard a gravé chez lui un profond mépris pour tout ce qui ressemble à ce vice.

Comme j'avais l'honneur d'approcher habituellement de Henri j'avais avec lui mon franc-parler, et je ne cessais de lui répéter l'obligation où il était de s'appliquer à faire des heureux. Aussi disait-il que je ne le flattais pas. Quoique toutes les mesures fussent prises pour éloigner de lui ces hommes toujours prêts à encenser les rois, on ne pouvait toujours éviter qu'il ne s'en introduisît quelquefois auprès du jeune prince. Au moment où l'un d'eux lui faisait sa cour, le duc de Bordeaux s'amusait en balançant un fouet, dont il faillit par mégarde atteindre le courtisan, qui s'écria en s'inclinant jusqu'à terre : *Frappez*, monseigneur, *frappez si vous le voulez.* Henri ne put contenir son indignation, et lui dit d'un ton sévère : « Monsieur, vous feriez mieux « d'imiter monsieur l'abbé, qui ne me « flatte jamais ; sachez que je déteste les « flagorneurs. Vous voulez peut-être « avoir mon fromage, mais vous ne le « tenez pas encore. » Et Henri tourna le dos à ce renard de cour, qui pour cette fois manqua de finesse, et s'en alla tout confus de la juste réprimande qu'il s'était attirée.

Le duc de Bordeaux attendait chaque jour avec impatience le moment de sa visite au roi : une fois cependant je le trouvai triste, mécontent, cherchant un moyen de retarder son entrevue avec sa majesté. Je lui en témoignai mon étonnement ; il me fit confidence d'une faute qu'il avait commise. On voulut le rassurer, en lui apprenant que le roi l'ignorait : « Oui, mais bon papa « me demandera si j'ai été sage, et je « ne puis pas mentir. »

Délicieuse réponse, qui excluait toute excuse pour cacher son tort ! La dissimulation est inconnue à ce cœur si pur !... C'est cependant le défaut commun aux enfans de son âge, surtout en pareille circonstance.

Sa candeur admettait cependant ces tours ingénieux auxquels se plaisent les enfans spirituels et gais : il me mettait dans la confidence de ses joyeuses espiégleries, et me les détaillait en allemand pour mieux cacher son secret.

Lui demandant un jour quelques

fonds sur ses bonnes notes il me répondit qu'il en avait disposé entièrement en faveur de l'académie de Saint-Cloud; ne connaissant point cette académie, je priai Henri de m'en donner l'explication, et le prince m'apprit qu'on y enseignait : Abbé, cédez... e, f, g, h, i, k, l..... et le reste du rôle avec des inflexions de voix et des gestes d'un comique parfait.

J'avais l'honneur de déjeûner régulièrement tous les vendredis avec le duc de Bordeaux, qui ne manquait jamais de faire réserver une partie du dessert pour les petits garçons pauvres, dont la conduite était bonne; il conservait de même les bonbons qu'il recevait du roi.

Après avoir échappé à de grands dangers, pendant les trois journées, j'arrivai enfin à Saint-Cloud, le 30 juillet; les calamités qui fondaient sur l'auguste enfant ne purent lui faire oublier ses petits protégés; il me remit une énorme provision de bonbons, qu'il avait cachés pour eux; et lorsqu'à Rambouillet je voulus les lui rendre, il les refusa, me disant que ces bonbons ayant leur destination, il ne m'était pas plus permis de les lui offrir qu'à lui de les accepter! Excellent petit prince! il ne pensait pas que je ne reverrais ces pauvres enfans que pour leur annoncer le départ de leur jeune protecteur!

Ce même jour Henri me demanda si par suite des tristes événemens je n'avais à regretter aucun de mes amis; il m'adressa cette question avec le plus vif intérêt, puis il se mit à arranger ses petits soldats de carton en ordre de bataille. Je lui demandai à qui était destiné le commandement de l'armée. — « Je m'en charge. — Et qui conduira « les ennemis? — Ça, c'est vrai, il n'y « a personne! » Et il pria le jeune de Rivière de lui apporter un *général monté sur un cheval blanc*, lui indiquant la caisse où il se trouvait; le *cheval blanc* était très significatif. Henri le mit à la tête d'une colonne de Prussiens, ne soupçonnant pas que des Français *même en carton*, puissent se battre les uns contre les autres.

CHAPITRE V.

> La singularité des événemens malheureux dont Dieu vous afflige ne sont destinés, par la soumission et la constance chrétienne avec laquelle nous vous les voyons soutenir, qu'à vous rendre un aussi grand saint que vous avez été un grand roi. MASSILLON.

Pendant le désastreux voyage de Cherbourg, le duc de Bordeaux ne discontinua pas le cours de ses études, et sa première occupation en arrivant au château de Rambouillet fut d'en tracer le plan, que j'ai le bonheur d'avoir en ma possession. Cet auguste enfant, qui éprouva souvent des privations, pendant ce long et pénible voyage, cherchait à adoucir celles qu'il supposait à ses amis; il m'offrit souvent de partager son frugal repas. C'est ainsi qu'il me remit quelques légères provisions soigneusement enveloppées dans ce plan, et qu'il avait réservées pour moi.

Le cœur de cet admirable enfant est rempli d'une immense bonté, et promet toute la vaillance de ses aïeux; il demandait alors avec instance d'être associé au sort des soldats, et voulait coucher au milieu du camp.

M. le baron de Damas fut chargé d'annoncer au jeune prince l'abdication de ses augustes parens en sa faveur. Henri accueillit cette couronne avec des larmes amères, il voulait aller se jeter aux pieds du roi pour le supplier de changer de résolution..... Cet enfant ne connut vraiment la douleur qu'à cet instant, qui lui conférait le plus beau trône de l'univers!... Il ignore comment son père mourut, et ses pleurs ne se mêlèrent jamais au sang qu'un Français répandit!..... On lui a laissé son amour tout entier pour sa patrie!... Le malheur lui apparut à Rambouillet pour la première fois!

Lorsque nous arrivâmes à Nonancourt, un malentendu avait fait comprendre qu'on s'y arrêterait pour déjeûner chez le maire. M. le duc de Bordeaux s'y était déjà rendu à pied, c'était à une assez longue distance; Madame, duchesse de Berri, se disposait à rejoindre Henri, lorsque Monsieur le Dauphin fit donner contr'ordre de la part du roi; Madame voulut bien me charger d'aller chercher le jeune prince. Il pleuvait; je lui offris un parapluie, il me refusa, en m'assurant qu'il ne fallait pas craindre un peu d'eau, que du reste il lui serait impossible de se servir d'un parapluie tandis que tout le monde était mouillé.

La fatigue et la mauvaise nourriture occasionnèrent au duc de Bordeaux une assez grave indisposition; mais loin d'en profiter pour se livrer à un repos que tant d'autres enfans de son âge eussent réclamé en pareille circonstance, il voulut se lever pour prendre sa leçon d'histoire. Je lui demandai de l'aider à s'habiller, je pris son pantalon qu'il avait caché sous sa couverture: « Prenez garde, s'écria-t-il, prenez « garde de laisser tomber ma bourse, « par le temps qui court il est bon « d'avoir quelque chose dans son gous- « set! » Lorsqu'il fut habillé, il passa dans la chambre de la princesse sa sœur, qui l'attendait pour commencer la leçon, Henri lui montra aussitôt la précieuse bourse...... elle contenait en tout une pièce de cent sous! « Ah! lui dit Made- « moiselle, il ne me reste rien à moi! » Elle ajouta d'un ton profondément triste : « J'avais 500 francs, on me les a « pris ; je les regrette bien, je les aurais « donnés à maman, qui maintenant en « aurait bien besoin ! »

Cette délicieuse petite princesse nous arrachait des larmes. Elle s'écriait avec un accent déchirant, en élevant les bras au ciel : « Oh ! qu'il est affreux de pen- « ser que c'est la dernière nuit que nous « avons à passer en France ! Toutes les « privations me seraient indifférentes, « mais ne plus voir mon pays !... » Hélas ! elle ne pensait pas qu'une loi cruelle la condamnerait à un éternel bannissement !... Pauvre Louise !...

Les hommes qui se plaisaient à insulter au malheur le plus auguste voyaient avec fureur la noble et constante fidélité de l'armée, qui entourait le roi de son amour. Ce roi, qui pour ne point armer frère contre frère renonçait au trône de ses pères et marchait triste, mais calme, vers la terre d'exil, un mot, un seul mot, et les braves qui avaient juré de mourir pour lui le ramenaient triomphant à Paris; mais ce mot le roi ne voulut pas le prononcer, il eût fait couler le sang français... L'armée, qui avait épuisé la coupe de douleur au jour de l'abdication, suivait en silence celui qui n'exigeait plus d'autre devoir qne celui de la résignation. Elle croyait que la haine était satisfaite; mais une infernale joie manquait à ces êtres lâches et dégradés, fatigués des vertus de la royale famille. Ils voulaient combler la mesure de ses douleurs en lui arrachant l'amour de cette fidèle armée, à laquelle ils eurent l'audace d'adresser une foule d'infâmes écrits, qui bientôt souillèrent ses rangs d'un impur débordement d'atroces et ignobles calomnies. Madame la Dauphine était surtout l'objet de ces honteux libelles. Cet ange de vertu est un vivant remords pour le crime! Les monstres qui la déchirent croient en essayant de la noircir de leur mortel venin effacer l'horreur de leur propre infamie. Mais vains efforts! là où ils croient se venger des plus sublimes vertus, ils ne trouvent que bonté et mépris; leurs traits sont sans force, et viennent tomber émoussés aux pieds de celle que les douleurs ont rendue sainte.

Arrivé à Valognes, j'étais occupé à parcourir un de ces monstrueux écrits lorsqu'on vint m'avertir de la part de madame la Dauphine qu'elle désirait assister à ma messe du lendemain, jour de l'Assomption, dès six heures du matin, et que S. A. R. garderait l'incognito, afin de ne pas être troublée dans les exercices de sa piété. Cette noble princesse voulait encore une fois bénir la France, et commencer au pied des saints autels cette journée où la Vierge sainte reçut l'offrande de ce beau royaume, que lui consacra un de nos rois.

Madame la Dauphine était l'holocauste qui s'offrait en expiation à la Reine du ciel, qui ne devait plus recevoir les publics hommages de notre foi. Dès cinq heures du matin je priai monsieur le curé de Valognes de faire préparer un prie-dieu, sans lui nommer l'auguste personnage auquel il était destiné. Madame la Dauphine arriva à cinq heures et demie à l'église, et refusant jusqu'à cette légère marque de distinction, elle alla s'agenouiller sur la pierre, au milieu des pauvres, qui ne savaient pas quelle était cette femme inclinée dans l'attitude du plus profond recueillement. Elle s'approcha de la communion..... Oh! quelle sublime et angélique piété régnait dans cette fille du roi-martyr! et quel fut mon saisissement lorsque je la vis humblement prosternée devant moi, attendant avec la ferveur d'une admirable foi le Dieu qui console et soutient! Je l'avoue, j'eus mille peines à résister au tremblement qui s'empara de moi, et ce ne fut qu'avec de violens efforts que je parvins à détourner mon esprit des pensées qu'un tel spectacle m'inspirait au moment des fonctions sacrées dont j'exerçais alors le plus divin mystère! Le passé tout entier m'apparaissait sous les traits du *chef-d'œuvre de l'adversité*. J'entendais ces immortelles paroles: *Fils de S. Louis, montez au ciel!* Je voyais la sanglante marche d'où s'élança triomphant le royal et saint martyr... J'entrais dans le cachot glacé où la fille des Césars ranimait sa grande âme, en recevant son Dieu des mains tremblantes d'un ministre de paix qui pleurait sur l'agonie forcée d'une reine à la fleur de ses ans, qui, brillante de force, lui demandait l'éternel viatique... Et la fille de Marie-Antoinette était là devant moi, qui priait et pardonnait! Oh! qu'elles doivent être sublimes ses prières pour ses persécuteurs ! . . . .

Le lendemain, 16 août, nous était réservée la plus déchirante scène, c'était celle des adieux... Plusieurs témoins de ce jour malheureux en ont rendu compte avec un talent qui ne permet point d'en tracer le récit de nouveau ; mais j'eus le triste bonheur de rester avec l'auguste famille une demi-heure après le départ de tous ceux qui l'avaient accompagnée. Je ne me décidai à m'arracher du fatal vaisseau qu'au moment où le petit pont fut en partie détruit. Ce fut Henri qui me fit remarquer que je ne pourrais plus retourner à terre si je ne profitais pas de ce reste fragile. L'auguste enfant daignait encore dans ce moment terrible veiller à ma sûreté !...

Le roi, dans cette heure de calamité, me parut plus grand encore que parmi les pompes du trône ; le malheur trouva l'auguste famille armée d'un courage que rien ne put abattre. Hélas! ces augustes victimes de l'infortune ne s'en étonnaient point; elles étaient savantes aux leçons de l'adversité, qui n'avait plus rien à leur apprendre. Madame, duchesse de Berri, n'a point eu d'attaques de nerfs, ainsi que l'ont répété plusieurs journaux; son courage était digne de celui de ses augustes parens; elle cherchait à consoler les amis qui prenaient congé d'elle, et voulait sécher les larmes que le désespoir faisait couler..... Madame la Dauphine était plus accablée, et s'écriait: *Ah! que je plains la France!* Elle aussi s'occupait, avec son habituelle bonté, de tout ce qui l'entourait. Mais où tout mon courage faillit m'abandonner, ce fut en m'approchant pour la dernière fois de mon bien-aimé Henri..... Il y a des douleurs trop vives pour chercher à les dépeindre;..... je dirai seulement que les derniers mots qu'il m'adressa furent ceux-ci : « Adieu, adieu, je vous recommande mes pauvres ! » La tristesse profonde de ses accens ne sortira jamais de ma mémoire.... Et l'excellent enfant, lorsque je m'éloignai, continua à me le crier par la petite fenêtre où il s'était placé pour voir plus long-temps la France ! Sa voix douce m'arriva comme une suave et triste harmonie, qui s'éteignait bientôt dans la brise qui commençait à s'élever : alors il me fit plusieurs gestes de la main, en signe d'adieux.....

Je restai cloué au rivage, abîmé dans ma douleur ; je ne pensais pas qu'une plus poignante encore devait bouleverser mon âme..... Un vent contraire renvoya le vaisseau vers le port ; et pendant un laps de temps qui me parut immense la mer tourmentée remenait presque l'auguste famille à la merci d'une foule effrénée rassemblée sur le rivage, et qui dans son féroce délire hurlait de joie de ce que la garde n'était pas là pour lui arracher sa proie que les flots semblaient lui rendre..... Mais le Seigneur veillait sur ses élus; la tempête s'apaisa, l'arche des temps modernes glissa rapide sur les vagues abaissées, et disparut emportant le salut de la France!

Je dois à la vérité de dire ici qu'un nombre immense d'individus, étrangers à Cherbourg, y avaient été envoyés pour tromper par leurs vociférations l'opinion publique.

CHAPITRE VI.

Le deuil et le silence habitent dans ces lieux...
DELILLE.

Je revins à Paris, où je trouvai la maison de Saint-Joseph entièrement dévastée; sous prétexte d'y chercher des fusils, l'établissement avait été pillé sept fois; et à chacune de ces expéditions on faisait crier dans les rues mille absurdités plus ridicules les unes que les autres. Un commissaire de police vint enfin mettre un terme à ces excès, en apposant les scellés sur l'établissement; il emmena une voiture chargée de papiers échappés à la dévastation, au nombre desquels se trouvaient plus de dix mille lettres concernant l'admission des ouvriers et la correspondance des préfets avec les gouverneurs du prince, toute relative aux quêtes des trésoriers. Les crieurs publics exploitèrent ce nouvel enlèvement à leur profit; ils assourdirent les passans, en annonçant à tour de rôle la *découverte de la grande conspiration de Saint-Joseph*, *qui dévoilait les secrets du gouvernement déchu et ceux des jésuites*. Quel dut être le désappointement des lecteurs, lorsqu'ils ne découvrirent que des milliers d'œuvres de charité exercées depuis l'âge le plus tendre par l'enfant qu'ils venaient de proscrire! Les Français qui appartenaient à d'autres religions que la sienne n'étaient nullement exclus de ses bienfaits. On ne manquera pas ici de nous accuser d'un but de prosélytisme; mais je pourrais produire le témoignage de plusieurs protestans et juifs qui nous demandèrent d'être admis au sein de l'Église catholique, croyant par là prouver leur reconnaissance; ce motif purement humain nous fit toujours refuser ces sortes de conversions, en leur répondant que si la foi n'éclairait pas leurs désirs, il valait mieux rester ce qu'ils étaient que de se rendre coupables d'horribles sacriléges, et que du reste on ne leur refuserait aucun secours humain.

Au nombre des papiers saisis à Saint-Joseph se trouvaient ceux relatifs à un placement de 80,000 francs sur le trésor; c'était le produit des quêtes des jeunes trésoriers. Ils apprendront avec chagrin que leurs charitables intentions n'ont pas été remplies. Lorsque le calme fut un peu rétabli, nous nous adressâmes aux tribunaux pour plaider la cause des malheureux dont le sort nous était confié; mais on nous objecta que si cet argent nous était rendu, nous l'emploierions au profit d'Holyrood. Alors nous demandâmes qu'on nous en remît seulement les intérêts, acceptant en outre la surveillance et le contrôle des maires de Paris; le tribunal se vit alors forcé de nous remettre en possession de nos fonds, nous condamnant cependant aux dépens, qui s'élevèrent à cent louis, prélevés sur le bien du pauvre. Lorsque nous nous présentâmes à la caisse du trésor, munis du jugement, pour réclamer les intérêts, on nous exhiba un refus formel de la part de l'autorité supérieure. L'indignation fut à son comble parmi tout ce qu'il y a d'honnête. Des écrivains distingués nous offrirent de flétir dans les journaux cette odieuse conduite ; mais nous avons horreur du scandale, et nous nous sommes refusés à cette manifestation d'un zèle trop ardent. Des chrétiens doivent se soumettre, et ne porter plainte qu'à l'éternelle justice dans la solitude de la prière; c'est là qu'ils doivent *conspirer*, en suppliant le Seigneur de se ressouvenir de ses anciennes miséricordes en accordant le pardon aux coupables, la paix aux justes, le bonheur à tous.

CHAPITRE VII.

Tel en un secret vallon
Sur la bord d'une onde pure
Croît, à l'abri de l'aquilon,
Un jeune lis, l'amour de la nature.
Athalie, scène IX, acte II.

Des affaires personnelles m'ayant appelé en Angleterre, j'eus le bonheur d'y voir Madame, duchesse de Berri ; je la retrouvai ce qu'elle fut toujours, remplie de bonté et animée d'un héroïque courage. Madame me fit l'honneur de me dire qu'elle ne consentirait à rentrer en France qu'au moment où, rappelée par le seul vœu de la nation, elle ne craindrait pas d'y amener les horreurs d'une guerre civile, ou les désastres d'une guerre étrangère, frémissant à l'idée d'une invasion qui pourrait être suivie du partage de la France. S. A. R. me fit part aussi de quelques-uns de ses projets, si la Providence lui permettait de rentrer dans sa patrie adoptive ; elle mettait en première ligne celui de n'avoir qu'une cour toute militaire pour son Henri.

Encouragée par un si bienveillant accueil, j'osai demander à Madame quelle était sa pensée sur Louis XVII ? L'illustre exilée me répondit qu'elle était persuadée que l'existence prétendue de ce prince était une fable inventée par les ennemis de Henri, afin de semer une funeste dissension entre les royalistes. « Mais, ajouta S. A. R., je serais « bien aise que ce fût une vérité ; mon « fils aurait un tuteur de plus. »

Admirable désir qui fera rougir ceux qui se sont permis d'attribuer à l'auguste princesse des paroles indignes de son noble caractère, en lui supposant, au sujet de Louis XVII, des sentimens que ne connut jamais son cœur magnanime !

Puisque j'ai nommé Louis XVII, je crois devoir ajouter qu'ayant eu plus tard l'honneur d'en causer avec monseigneur le nonce du Pape, son éminence m'assura qu'ayant fait toutes les recherches possibles au sujet de ce malheureux prince, elle n'avait que trop la preuve de sa mort ; son éminence m'autorisa même à démentir en son nom les récits absurdes et mensongers dont on cherche à tromper le public.

Je poursuivis mon voyage jusqu'en Écosse. Je ne m'arrêterai point à décrire les beautés d'un pays que tant de plumes élégantes ont retracées avec tous leurs charmes, et qu'un célèbre auteur a rendu parmi nous presque une seconde patrie, en redisant le courage de ces braves Écossais, qui gardèrent si long-temps nos rois au milieu des fastes du trône, et qui aujourd'hui s'inclinent avec respect devant le drapeau sans tache qui, en se balançant sur les vieux murs d'Holyrood, semble saluer la terre hospitalière qui accueille de royales infortunes comme un souvenir d'amour, prix glorieux de son immortelle fidélité au malheur.

J'eus l'honneur d'être admis plusieurs fois auprès de S. M. Charles X; et dans une conversation que j'eus avec le roi, il daigna me dire « qu'il ne pouvait rien « prescrire à l'égard du serment, acte

« religieux dépendant de la conviction « qui peut être basée sur des intentions « louables. De mon temps ajouta le roi, « on n'en prêtait qu'un seul. »

Madame la Dauphine daigna aussi me recevoir; j'appris à S. A. R. qu'une princesse, dont les vertus excitent l'intérêt général, semblait accablée sous le poids d'une couronne d'épines; l'auguste Marie-Thérèse me répondit en fondant en larmes : « Je conçois com« bien elle doit être malheureuse; ah ! « je la plains de toute mon âme !..... » Générosité immense ! fille de l'angélique testament qui légua le pardon aux orphelins du Temple !

Mais comment exprimer le bonheur qui m'attendait auprès d'Henri ? L'idée seule de le revoir excitait en moi une indicible joie, sa vue eût suffi pour me reudre heureux. Quels furent donc mes sentimens, lorsque cet enfant si cher vint se jeter dans mes bras, et me fit un accueil auquel je n'avais aucun titre et que toutes mes espérances ne se fussent jamais permis de rêver ! Oh ! quel moment que celui où je le serrai contre mon cœur !..... Revenu de ma première émotion, je contemplais avec avidité les progrès de la taille de Henri, son air brillant de santé, je le trouvais étonnamment fortifié : cette jeune fleur de l'exil croît et prospère sur la cîme des montagnes ; elle grandit pour l'avenir.....

Henri occupe un appartement meublé avec une extrême simplicité, tout à fait en rapport avec ses goûts ; la personne la plus particulièrement chargée de son service intérieur est un militaire décoré, qui a fait toutes les campagnes de l'empire, et qui s'est, m'a-t-on dit, fort distingué à Waterloo. Toutes les gloires françaises sont adoptées par les fils aînés de Louis-le Grand ! Une noble rivalité s'exerce autour de Henri pour développer en lui les hautes qualités dont ses ancêtres lui ont laissé l'héritage, héritage que nul ne saurait lui enlever, et qui promet les vertus dont son nom est le gage.

Je n'entrerai pas dans un long détail sur l'intérieur d'Holyrood, dont on connaît les habitudes, par les nombreux écrits qui les ont dépeintes avec tant de talent; la destination de ce recueil me force à éviter tous frais d'impression qui ne seraient pas d'absolue nécessité.

Henri m'invita à prendre tous mes repas avec lui pendant mon séjour à Holyrood. J'étais confus de ces prévenances; il recherchait tout ce qui pouvait m'être agréable, et s'intitula *le cicerone* de toutes les promenades qu'il me fit faire. Ce fut surtout pendant ces courses, qui duraient trois ou quatre heures, que j'eus occasion de causer longuement avec le jeune prince, qui m'adressait mille questions sur la France, sur ses trésoriers, sur ses pauvres, se souvenant du nom d'un grand nombre d'entre eux. A l'une de ces promenades nous grimpâmes au sommet d'Arthur-Seat, qui fournit une quantité de pierres propres à être taillées. M. le baron Damas engagea chacun de ceux qui avaient l'honneur d'accompagner le prince à choisir une de ces pierres qu'il se chargerait ensuite de faire monter. Henri voulut s'acquitter de cet emploi, et fit ce choix pour tout le monde. Il eut aussitôt l'attention d'observer que comme je devais partir bientôt il fallait envoyer le soir même ma pierre au lapidaire; puis il remplit ses poches d'une provision de ces pierres qu'il destine sans doute à être montées à Paris... Nous continuâmes notre promenade, et le jeune prince me conduisit à un antique château des Stuarts, dont il me fit l'historique, d'une manière qu'eût enviée l'homme le plus instruit. Mon émotion fut extrême à la vue de ce fils des Bourbons, jeune comme le printemps, assis à l'ombre de ces vieilles murailles, me contant la gloire et les malheurs des héros dont les noms ne périront pas. C'était le génie de l'espérance prêtant sa lyre aux souvenirs du temps passé !... Henri de France, aux montagnes d'Ecosse, redisant les infortunes de Marie Stuart ! Quelle source de réflexions !...

Nous quittâmes l'antique demeure des *Bourbons d'Ecosse* pour regagner un village situé à deux lieues d'Edimbourg ; là couverts de poussière, rendus de fatigue, nous fûmes obligés d'entrer dans un humble cabinet, où le fils des rois trouva un plaisir qui avait au moins le charme de la nouveauté. La joie du jeune prince, ses éclats de rire donnèrent une nouvelle direction à mes pensées ; je voyais le jeune Béarnais, venant sous la chaumière reposer en chantant ses membres fatigués d'une course rapide sur la montagne... L'illusion était complète: Henri portait le costume de son aïeul; il était ravissant de grâce et de gaieté.

Nous reprîmes enfin le chemin d'Edimbourg. Arrivés à peu près à une lieue de la ville j'étais resté seul avec le prince à une cinquantaine de pas en arrière de ces messieurs; Henri me paraissant un peu fatigué, je portai sa veste remplie de pierres d'Athur-Seat. Tout à coup j'aperçus un homme qui, d'un chemin de traverse, se dirigeait vers nous : cet homme n'avait ni le teint, ni le costume des habitans du pays; il tenait ses mains cachées derrière son dos. Je conçus la plus terrible inquiétude, et j'engageai Henri à doubler le pas, sous prétexte que ces messieurs nous trouveraient peu polis de rester aussi longtemps éloignés d'eux. Il me répondit u'il était trop fatigué pour marcher plus vite : « Oserai-je, monseigneur, rap-« porter en France qu'une promenade « de quatre lieues peut vous fatiguer? » J'étais sûr par là de parvenir à mon but. A ces mots le jeune prince se mit à courir, et j'eus beaucoup de peine à le suivre. Nous arrivâmes auprès de ces messieurs au moment même où l'inconnu s'avançait. J'allongeai la tête pour voir ce qu'il cachait derrière son dos, et j'aperçus avec effroi un énorme pistolet... Par un mouvement rapide comme l'éclair je m'élançai en avant du prince pour lui servir de rempart... L'inconnu poursuivit alors son chemin sans faire aucune démonstration hostile. M. le baron de Damas, voulant que le sentiment de la peur reste inconnu à son royal élève, affecta de plaisanter et de se moquer de ma frayeur, dont on feignit de rire aux éclats, et le jeune prince, qui n'a jamais soupçonné qu'on puisse attenter à ses jours, ne se douta de rien. Quant à moi j'en eus un violent accès de fièvre.

Deux officiers français se trouvant à une autre promenade avec le prince, nous rencontrâmes un officier anglais en grand uniforme, avec une écharpe en guise de ceinture; ces messieurs s'adressant au prince : « Monseigneur, lors-« que vous nous reviendrez vous feriez « grand plaisir aux officiers de l'armée « en leur accordant des écharpes. Henri « ne répondit rien. Ils insistèrent. Mon-« seigneur, cela nous siérait si bien! » Alors le jeune prince se retournant vivement leur dit : « Moi, messieurs, je « trouve que ce qui va le mieux aux « officiers c'est ça et ça, et d'un geste « rapide il leur montrait les balafres du « brave Lavilatte. »

La veille de mon départ Henri m'exprima le désir d'envoyer quelque chose aux personnes qui pensaient encore à lui; mais n'ayant plus rien à donner il me demanda si on accepterait des coquillages qu'il avait choisis et ramassés lui-même sur les bords de la mer. J'acceptai avec reconnaissance une énorme boîte qu'il avait fait préparer, et qu'il me remit en disant : *C'est pour mes bons amis de France.* Ayant parlé à Henri de l'attachement passionné que ressent pour lui une personne de ma connaissance il me donna pour elle un bouquet de *pensées* et de *ne m'oubliez pas*, qu'il cueillit lui-même dans son petit jardinet. Il ajouta à tous ces trésors une quantité de dessins de sa façon, auxquels Mademoiselle daigna joindre plusieurs des siens ; l'un d'entre eux représentait les adieux de Marie-Stuart à la France. Et pour combler mes désirs Henri se fit couper les cheveux, afin disait-il, de m'en donner une bonne provision. Il trouva moyen aussi d'envoyer des secours à ses protégés. Jusqu'au moment de mon départ je ne quittai plus Henri, je m'attachai à ses pas; le soir, j'assistai à sa prière qu'il récita avec une tendre piété, il y ajouta une touchante prière pour le bonheur et la prospérité de la France. Je restai près de son lit jusqu'à ce qu'il fût endormi; il me recommanda de nouveau de ne pas oublier ses pauvres et de dire aux personnes qui se souvenaient encore de lui: *Mon pays, mes amours toujours*. Et au moment de s'endormir il me dit: « Avouez-moi franchement s'il me reste quelques amis? — « Oh! oui, Monseigneur, beaucoup. — « J'ai de la peine à le croire, car ils viendraient me chercher et me délivrer! »

LE 2 FÉVRIER 1832 (*a*)

OFFERT AUX OUVRIERS DE SAINT-JOSEPH.

La Vierge mère, assise sur son trône d'étoiles, écoutait l'éternel cantique... Les séraphins s'inclinaient en chantant sur leur harpe d'or, les vierges mêlaient à cet angélique concert les accords de leurs voix pures, et la lyre du prophète célébrait la gloire de Marie...

L'encens de la terre s'élevait comme une vapeur argentée et formait des nuages de parfum sous les pieds de la reine du Ciel... Alors elle abaissa son regard sur la vallée des larmes...

Elle entendait la prière des fidèles, qui venait joindre ses supplians accens à la céleste mélodie; un seul vœu s'échappait brûlant du cœur de tout un peuple : *Bénissez-le, ô Mère du Sauveur!* s'écriaient une foule de voix; et cette prière s'élançait au ciel, comme un long cri d'amour.....

Et les rangs des saints s'ouvrirent pour

(*a*) Jour de la première communion de Mgr. le duc de Bordeaux.

faire place à un immortel couple (*a*), et les martyrs agitèrent leurs palmes victorieuses, lorsqu'il s'avança rayonnant de gloire, et suivi d'une vierge radieuse, couronnée de lis..... (*b*)

Et S. Louis, conduisait celui (*c*) qui monta aux régions d'éternelle paix, porté par l'ange du pardon..... Tous se prosternèrent devant la vierge sainte; eux aussi s'écrièrent : « Bénissez-le, ô Mère du Sauveur ! »

Alors une voix jeune et fraîche, pure comme une harmonie sainte, qui remonte à sa source céleste, traversa la voûte azurée, et la Vierge sourit à ces mots :

« Mon Dieu, venez, je vous attends.....
« je pardonne comme mon père..... Bonne
« Mère de Dieu, bénissez-moi ! »

Et la Reine des cieux bénit l'enfant..... Et le Sauveur descendit à l'appel de l'innocence..... Alors s'accomplirent les mystères sacrés..... Les saints se voilèrent, les anges se couvrirent de leurs ailes.....

L'un (*d*) d'eux, vint à la droite de l'en-

(*a*) Louis XVI et Marie-Antoinette.

(*b*) Madame Élisabeth.

(*c*) M. le duc de Berri.

(*d*) Louis XVII, mort au Temple à l'âge de huit ans.

fant agenouillé et posa sur sa blonde chevelure une lumineuse couronne, puis l'ange versa une larme, car lui ne s'était jamais assis au banquet de l'agneau..... Trop jeune encore, il s'était envolé au Seigneur, emportant un bouquet de lis, baigné de sang et de pleurs.....

Et l'enfant se releva; son doux visage brillait d'un éclat divin..... Son âme était attentive à son Dieu, elle en écoutait l'éternelle parole..... Et le cœur de l'enfant se fondait d'amour..... Il sortit enfin de sa muette extase, et ces mots s'échappèrent de ses lèvres vermeilles..... Mon Dieu, rendez la France heureuse!.....

www.ingramcontent.com/pod-product-compliance
Ingram Content Group UK Ltd.
Pitfield, Milton Keynes, MK11 3LW, UK
UKHW020407230726
13925UKWH00003B/1294

9 782014 053418